오늘 사랑을 쓰다

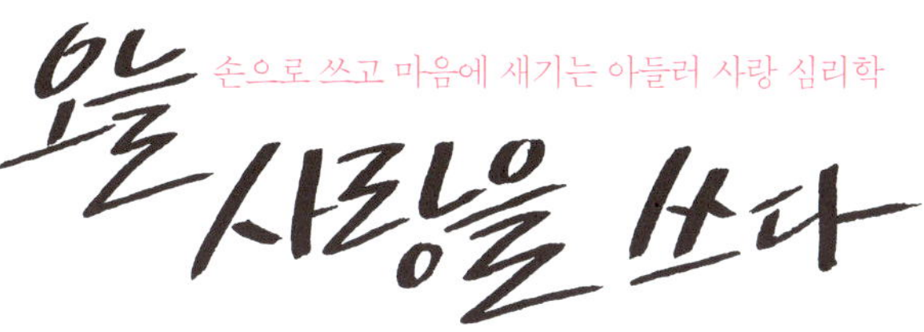

오늘 사랑을 쓰다

아뜰리에 소피 저

별글

진정한 사랑을 찾아서

인생에서 사랑만큼 중요한 게 또 있을까. 소중한 친구, 부모, 배우자, 자식과의 관계 등 살면서 맺는 인간관계는 나무의 나이테처럼 한 해 한 해 넓어지지만 그만큼 상처도 깊어진다.

나 역시 많은 인간관계 속에서 웃고 아파하며 살아가고 있다. 그랬다. 앞날을 알 수 없는 인생이기에 뜻하지 않은 사랑을 받으며 행복하기도 했고, 사랑으로도 넘지 못할 큰 벽 앞에서 좌절하기도 했다.

그럴 때 오스트리아의 정신의학자 알프레드 아들러는 내게 물었다.

"모든 사람에게 사랑받으려 하기 때문에
상처받는 것은 아닌가?"

"막연히 사랑한다고 해서
관계가 좋아질 거라고 생각한 것은 아닌가?"

나는 "진정한 사랑을 완성하기 위해서는 두 사람이 서로 노력해야 하며, 어떻게 사랑을 키워가야 할지를 알 때 인생이 풍요로워진다"라는 그의 말에 고개를 끄덕였다. 그때부터 사랑에 대한 깨달음을 주는 글, 마음에 새기고 싶은 사랑 이야기를 모으기 시작했다. 그리고 그 글들은 돌다리 삼아 진정한 사랑으로 한 발 한 발 나아가고 있다.

나는 여전히 사랑을 꿈꾸고, 사랑보다 높은 현실의 문턱에 걸려 넘어지며 하루하루를 살아간다. 하지만 이제는 넘어져도 마냥 울고 있지만은 않는다. 그 모든 사랑이 나를 풍성하게 가꿔 준다는 진리를 터득했기에.

사랑을 떠올리면 행복하고 따뜻해야 할 것 같지만 막상 현실에서의 사랑은 상처투성이인 나 같은 사람들과 이 책을 함께 나누고 싶다. 그리고 자신을 아끼고, 상대방을 현명하게 사랑하는 아름다운 세상을 만들어 가고 싶은 작은 소망을 담아 이 책을 전한다.

아뜰리에 소피

차례

사랑, 가장 아름다운 선물

사랑할 수 있는 용기

지금 사랑에 충실하라

사랑으로 사는 인생

사랑,
가장 아름다운 선물

실패하는 이유

인간의 모든 실패는
사랑이 부족한 결과다.

알프레드 아들러_ 오스트리아의 정신의학자.

꽃을 사랑하는 법

꽃을 사랑한다고 말하면서도
꽃에 물을 주는 것을 잊어버린 사람을 본다면
우리는 그가 꽃을 사랑한다고 믿지 않을 것이다.
사랑은 사랑하고 있는 자의 생명과 성장에 대한
적극적 관심이다.

에리히 프롬_ 독일 출생의 유대계 사회심리학자, 정신분석학자.

가슴속 문 하나

사랑한다는 건
내 가슴 속에
상대방이 들어올 수 있도록
문 하나를
만들어 주는 것이다.

미셸 드 몽테뉴_ 프랑스의 철학자, 사상가, 수필가.

사랑 없는 삶

사랑 없는 삶은
꽃이나 열매 없는
나무와 같다.

칼릴 지브란_ 레바논의 철학자, 화가, 소설가, 시인.

진정한 사랑

진정한 사랑은
영원히 자신을
성장시키는 경험이다.

모건 스콧 펙_ 미국의 정신과 의사, 작가, 강연가.

마음의 순결함

사랑이 시작될 때 사람은 가장 행복하다.
그때는 사랑하는 사람에게 아무것도 바라지 않으며,
아무것도 계산하지 않고, 사랑에 대한 순수한 기쁨으로 충만해 있다.
사랑의 첫째 조건은 바로 그 마음의 순결함이다.

윌리엄 셰익스피어_ 영국의 극작가, 시인.

사랑은 더 적게 보는 것

사랑은 눈먼 것이 아니다.
더 적게 보는 게 아니라 더 많이 본다.
다만 더 많이 보이기 때문에 더 적게 보려고 하는 것이다.

줄리어스 고튼_ 미국의 유대교 랍비.

사랑은 희생과 단념

사랑은 상실이며 희생이며 단념이다.
자신의 저부를 남에게 주었을 때
사랑은 더욱 풍요로워진다.

칼 구츠코_ 독일의 작가.

다정스러움은
그 어떤 열정에 찬 서약보다
위대한 사랑의 증거다.

마를레네 디트리히_ 미국의 독일계 영화배우, 가수.

다정스러움은
그 어떤 열정에 찬 서약보다
위대한 사랑의 증거다.

선택할 수 없는 사랑

사랑은 내가 선택할 수 있는 게 아닙니다.

그저 내게 다가오는 것입니다.

평생 내가 깨달은 단 한 가지 사실은

바로 이것입니다.

캐서린 헵번_ 미국의 영화배우.

사랑이 세상을 돌아가게 하지는 않는다.
사랑은 세상을 가치 있게 만든다.

프랭클린 P. 존스_ 미국의 언론인.

불완전한 존재의 기둥을
불잡아 주는 것이야말로
사랑이다.

빈센트 반 고흐_ 네덜란드의 화가.

사랑에 빠진 남자

나는 사랑에 빠진 아주 가난한 젊은 남자를 만났다.
그의 모자는 다 낡았고 외투는 헤어졌으며
팔꿈치가 튀어나왔고 구두는 물이 샜다.
하지만 그의 영혼에는 별들이 지나가고 있었다.

빅토르 마리 위고_ 프랑스의 낭만파 시인, 소설가, 극작가.

별과 비, 눈과 꽃

별을 좋아하는 사람은 꿈이 많고,
비를 좋아하는 사람은 슬픈 추억이 많고,
눈을 좋아하는 사람은 순수하고,
꽃을 좋아하는 사람은 아름답고,
이 모든 것을 좋아하는 사람은
지금 사랑을 하고 있는 것이다.

몰리에르_ 프랑스의 극작가, 배우.

사랑, 삶의 목적

사랑은 삶의 목적을 알려주고
이성은 사랑을 실천하는
방법을 알려준다.

레프 톨스토이_ 러시아의 소설가.

사랑의 리듬

자기가 행복하고
남을 행복하게 하는 것.
이것이 사랑의 리듬이다.

니사르가닷따 마하라지_ 인도의 힌두교 성자.

사랑은 잼, 인생은 빵

사랑은 잼처럼 달콤하지만
인생이라는 빵과
함께 먹는 것이 좋다.

탈무드

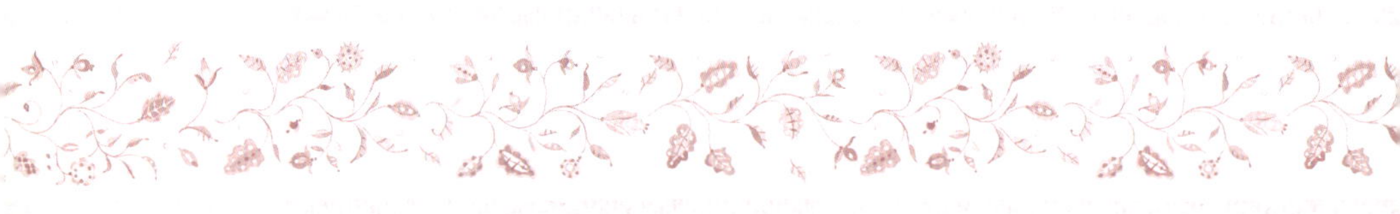

둘 사이의 공간

아무리 가까운 사이라도
무한한 거리가 존재한다는 점을 서로가 받아들인다면
두 사람에게 놀라운 삶이 펼쳐진다.
둘 사이의 공간을 사랑할 수 있는 한.

메이 사튼_ 미국의 벨기에계 소설가, 시인.

생명을 주는 사랑

모든 생명체에 깃들어 있는

이기심을 극복하게 하는 것은 사랑이다.

또 생명을 유지하게 해 주는 것도 사랑이다.

아놀드 J. 토인비_ 영국의 역사가.

혼신을 다해

사랑은 '어느 정도'나 '적당히'가 없다.
사랑을 하면 혼신을 바치게 된다.

찰스 디킨스_ 영국의 소설가.

한 방울의 사랑

한 방울의 사랑은
이성의 바다보다 크다.

블레즈 파스칼_ 프랑스의 사상가, 수학자, 물리학자.

사람 자체를 사랑

우리는 사람의 특징을 사랑하는 것이 아니라

사람 자체를 사랑한다.

때로 강점과 더불어 약점 또한 사람을 사랑하는 이유가 된다.

쟈크 마리탱_ 프랑스의 가톨릭 철학자.

사랑을 배우는 시간

삶이란
사랑하는 법을 배우기 위해 주어진
얼마간의 자유 시간이다.

아베 피에르_ 프랑스의 가톨릭 성직자.

삶이란
사랑하는 법을 배우기 위해 주어진
얼마간의 귀한 시간이다.

마음으로 산 순간

인생을 돌아보면
제대로 살았던 순간은
사랑하는 마음으로
살았던 순간뿐이다.

헨리 드루먼드_ 미국의 신학자, 목사.

깨어짐

누군가를 진실로 사랑한다면
반드시 당신의 마음이 깨어질 수밖에 없다.

C. S. 루이스_ 영국의 작가, 영문학자.

누군가를 진실로 사랑한다면
반드시 당신의 마음이 깨어질 수밖에 없다

사랑할 수 있는
용기

가장 중요한 것

중요한 것은 많이 생각하는 것이 아니라

많이 사랑하는 것이다.

그러니 당신의 사랑을 가장 많이 불러일으키는 일을 하라.

아빌라의 데레사_ 스페인의 로마 가톨릭 수녀.

나란히 걷는 사랑

사랑이란 마술은
두 사람이 서로 다른 방향으로 걷고 있더라도
항상 곁에서 나란히 걷고 있는 것처럼 느끼게 해 준다.

휴 프레이더_ 미국의 목사, 강연자.

기쁜 사랑

기쁨은
사람들의 영혼을 붙잡을 수 있는
사랑의 그물이다.

마더 테레사_ 인도의 로마 가톨릭 수녀.

의지와 실천

사랑은 의지의 실천이다.
즉 하고자 하는 의도와 행동,
두 가지 모두를 같이 묶은 것이 사랑이다.

모건 스콧 펙_ 미국의 정신과 의사, 작가, 강연가.

손끝에 있는 사랑

거짓 사랑은 혀끝에 있고
참사랑은 손끝에 있다.

드와이트 라이먼 무디_ 미국의 신학자.

사랑을 향해 내딛는 작은 발걸음

기회가 있을 때마다 우리는 사랑을 선택할 수 있다.

미소, 악수, 격려의 말, 친절한 인사, 도움의 손길…….

이 모든 것이 사랑을 향해 내딛는 작은 발걸음이다.

헨리 나우웬_ 네덜란드 출신의 미국 로마 가톨릭 신부, 작가.

얼마나 사랑했는가

생의 마지막 순간에 이르러

자기가 걸어온 길을 되돌아볼 때

가장 가치 있는 단 하나의 질문은

'나는 누군가를 얼마나 사랑했는가?'이다.

리처드 바크_ 미국의 비행사, 소설가.

혼자가 되는 시간

진정으로 사랑하는 사람들은
상대방이 혼자가 되는 것을
결코 방해하지 않는다.

오쇼 라즈니쉬_ 인도의 교수, 강연가.

인간의 마음은
무기에 의해서가 아니라
사랑과 관용에 의해
정복될 수 있다.

노자_ 중국의 철학자.

인간의 마음은
무기에 의해서가 아니라
사랑과 관용에 의해
정복될 수 있다.

기쁨, 평화, 아름다움

사랑할수록 우리는 더욱 사랑스러운 사람이 된다.
사랑은 친절을 낳고, 존경을 끌어내며,
긍정적인 태도를 갖게 만들 뿐 아니라
기쁨, 평화, 아름다움, 조화를 가져다준다.

스태니슬라우스 케네디_ 아일랜드의 로마 가톨릭 수녀, 작가.

사랑한다는 것은
믿는 것이다.

빅토르 마리 위고_ 프랑스의 시인, 소설가, 극작가.

삶의 중심을 잃어도

삶의 중심을 잃어도
한 사람이라도 나를 사랑해 준다면
모든 것을 치유할 수 있다.

캐서린 앤 포터_ 미국의 작가.

동반자

결혼이란 동반자를 만드는 일이므로

어느 한쪽이 우월하다고 생각해서는 안 된다.

내가 상대방보다 뛰어나다고 생각한다면

그 결혼은 불행해진다.

알프레드 아들러_ 오스트리아의 정신의학자.

존경

남을 **자기 자신처럼 존경**할 수 있고,
자기에게 해 주기를 바라는 것처럼 남에게 할 수 있다면,
그는 진정한 사랑을 가진 사람이다.

공자_ 고대 중국의 정치가, 교육자, 사상가.

나누는 사랑

사랑은
계속해서 나눌 때에만 유지된다.
오로지 자신만을 위한 행복은
그 어디에도 없다.

토머스 머튼_ 미국의 로마 가톨릭 신부, 작가.

행복을 위해

사랑이란
키우고, 베풀고, 지켜주며
쉼 없이 흐르는 에너지다.
그것의 영원한 목표는
행복한 삶이다.

스마일리 블랜튼_ 미국의 정신과 의사.

배려

마음을 자극하는 단 하나의 사랑의 명약
그것은 진심에서 오는 배려다.

메난드로스_ 고대 그리스의 신희극 작가.

아홉을 주어도 안타까운 사랑

사랑이란 하나를 주고 하나를 바라는 것이 아니라,
둘을 주고 하나를 바라는 것도 아니다.
아홉을 주고도 미처 주지 못한 하나를 안타까워하는 것이다.

레스 브라운_ 미국의 동기부여 연설가.

그를 사랑한 이유

내가 그를 왜 사랑하는지 말해 보라 한다면

그냥 그는 그였고 나는 나였기에, 라고 밖에는

다르게 말할 방법이 없다.

사랑에는 이유가 없다.

미셸 드 몽테뉴_ 프랑스의 철학자, 사상가, 수필가.

말할 수 없는 사랑

얼마나 사랑하는지 말할 수 있다면
조금밖에 사랑하지 않는 것이다.

프란체스코 페트라르카_ 이탈리아의 시인.

지금이 바로 기회

지금이 바로 기회입니다.
누구에겐가 사랑한다는 말을 하고 싶다면
내일로 미루지 마십시오.

레오 버스카글리아_ 미국의 교육학자, 저술가.

함께 있되 거리를 두라

함께 있되 거리를 두라.

그래서 하늘 바람이 너희 사이에서 춤추게 하라.

서로 사랑하라.

그러나 사랑으로 구속하지는 말라.

너희 혼과 혼의 두 언덕 사이에 출렁이는 바다를 놓아두라.

서로 가슴을 주라.

그러나 서로의 가슴속에 묶어 두지는 말라.

오직 큰 생명의 손길만이 너희의 가슴을 간직할 수 있다.

칼릴 지브란_ 레바논의 철학자, 화가, 소설가, 시인.

사랑에는 많은 질문이 필요하지 않다.
사랑은 묻는 게 아니라
행동으로 보여 주는 것이다.

파울로 코엘료_ 브라질의 예술가.

사랑에는 많은 꾸밈이 필요하지 않다.
사랑은 말로 하는게 아니라
행동으로 보여 주는 것이다.

단 하나의 마술

세상에는
단 하나의 마술, 단 하나의 힘,
단 하나의 행복이 있을 뿐이다.
그것은 사랑이라 불린다.

헤르만 헤세_ 독일의 소설가, 시인.

깊이 사랑하면

누군가에게 깊이 사랑받으면
힘이 생기고
누군가를 깊이 사랑하면
용기가 생긴다.

노자_ 중국의 철학자.

누군가에게 깊이 사랑받으면
힘이 생기고
누군가를 깊이 사랑하면
용기가 생긴다.

지금
사랑에 충실하라

상처 없는 사랑

네가 괜찮다고 생각하는 일이
다른 사람에게는 상처를 줄 수도 있어.
다른 사람의 마음을 상상할 수 있느냐 없느냐는
정말 중요한 거야.

오기와라 히로시_ 일본의 소설가.

사랑하니까

미숙한 사랑은
'당신이 필요해서 당신을 사랑한다.'라고 하지만
성숙한 사랑은 '사랑하니까 당신이 필요하다.'라고 한다.

윈스턴 처칠_ 영국의 정치가, 화가, 저술가.

자신감과 용기

당신에게 자신감을 주는 것,
당신에게 용기를 주는 것이 사랑이다.

토마스 M. 맥나이트_ 미국의 인간관계 전문가, 연애 카운슬러.

당신에게 자신감을 주는 것,
당신에게 용기를 주는 것이 사랑이다.

먼저 사랑하라

사랑받고 싶으면
먼저 사랑하라.
그리고 사랑스러워지라.

벤자민 프랭클린_ 미국의 정치가, 외교관, 과학자, 저술가.

사랑의 느낌

사랑하는 것만으로는 부족하다.
상대가 사랑받고 있다고 느낄 때까지
사랑하라.

조반니 보스코_ 이탈리아의 로마 가톨릭 성직자.

가족의 사랑

가족의 사랑은 너무나 위대해서

그 어떤 것도 이 사랑을 파괴할 수 없다.

이 사랑은 절망의 예방약이며,

삶에 대한 믿음을 놓지 않게 해 주는 예방 주사다.

에드워드 할로웰_ 미국의 정신과 의사, 교수.

마음의 눈

별이 불이 아닌지 의심이 간다.
태양이 움직이는 것은 아닌지 의심이 간다.
진실이 거짓말인지 의심이 간다.
하지만 내가 사랑한다는 사실은 의심이 가지 않는다.
사랑은 눈으로 보지 않고 마음으로 본다.
그래서 날개 달린 큐피드의 눈은 가려져 있다.

윌리엄 셰익스피어_ 영국의 극작가, 시인.

당신과 나

나는 당신을 사랑한다.
당신의 존재를 위해서뿐 아니라
당신과 함께 있는
내 존재를 위해서도 — .

로이 크로프트_ 미국의 시인.

사람은 사랑하면 현명해질 수 있지만
지나치게 현명하면 사랑하지 못한다.

푸블릴리우스 시루스_ 고대 로마시대의 작가.

대가 없는 사랑

진정으로 사랑한다는 것은

대가를 바라지 않는 것이며,

당신이 무엇을 주고 있다는 사실조차 잊는 것이다.

지두 크리슈나무르티_ 인도의 철학자, 명상가.

사랑하는 사람을 통해

진정한 사랑은
그 사람을 통해 모든 사람을 사랑하고
그 사람을 통해 나 자신도 사랑한다.

칼 구츠코_ 독일의 작가.

고백

가장 큰 행복이란
사랑하고, 그 사랑을 고백하는 것이다.

앙드레 지드_ 프랑스의 소설가, 비평가.

사람은 곧 행복이다

사랑하고 그 사랑을 고백하는 것이다

사랑과 우정

사랑과 우정에는

서로를 향해 다가가면서도

떨어져 있을 수 있는

다정하고 편안한 공간이 있어야 한다.

헨리 나우웬_ 네덜란드 출신의 미국 로마 가톨릭 신부, 작가.

사랑이란

사랑이란 덜 요구하고 더 이해하는 것,
있는 그대로를 존중하는 것,
매일 새로운 모습을 발견하는 것,
사랑받고 싶다고 말하는 것,
지금이 마지막 기회임을 아는 것.

주니족

지금을 사랑하라

지금 하고 있는 일을 사랑하라.
지금 이 순간을 사랑하라.
지금 만나는 사람을 사랑하라.

레프 톨스토이_ 러시아의 소설가.

보이지 않는 아름다움

참다운 사랑은
보통 사람들의 눈에 보이지 않는 아름다움을
제일 먼저 발견해 새로운 빛을 더해 준다.

키에르 케고르_ 덴마크의 철학자.

배움

사랑은 끊임없이 배워야 하는 것이다.
그 끝은 존재하지 않는다.

캐서린 앤 포터_ 미국의 작가.

자신만을 위한 사랑

미래의 큰 사랑을 위해
현재의 작은 사랑을 포기한다는 말은
자신과 남을 모두 속이는 것이다.
그것은 남을 위한 사랑이 아니라 자신을 위한 사랑이다.

레프 톨스토이_ 러시아의 소설가, 사상가.

사랑 안에 쉬기 위하여

나무 하나 심었다고
금세 그 그늘 아래서 쉴 수 없듯이
사랑 안에 쉬기 위해 많은 인내가 필요하다.
사랑이 무성한 잎을 드리울 때까지.

앙투안 드 생텍쥐페리_ 프랑스의 작가, 비행사.

입으로 말하는 사랑은
외면하기 쉬우나
행동으로 증명하는 사랑은
저항하기 어렵다.

W. 스탠리 무니햄_ 미국의 인도주의자.

더욱 사랑

사랑의 치료법은
더욱 사랑하는 것 이외에는 없다.

헨리 데이비드 소로_ 미국의 사상가, 문학가.

다른 사람을 향한 관심

인생을 살아가며 큰 어려움에 부딪히고
다른 사람에게 해를 끼치는 사람은
남들에게 전혀 흥미가 없는 이들이다.

알프레드 아들러_ 오스트리아의 정신의학자.

열매 맺는 사랑

시간과 더불어 열매맺는 것은
과일만이 아니다.
사랑도 그렇게 익어간다.

밀란 쿤데라_ 체코의 소설가.

시간과 마음이 얽매는 것

괴로움이 에서도

사랑은 그렇게 잊어간다.

자유

단어 하나가
삶의 모든 무게와 고통으로부터
우리를 자유롭게 한다.
그 말은 사랑이다.

소포클레스_ 고대 그리스의 극작가, 정치가.

오직 선물

사랑은 오직 사랑을 선물할 뿐이다.
그리고 사랑만이
그 대가로 받을 수 있는 유일한 것이다.

발자타르 그라시안_ 스페인의 철학자, 작가.

사랑은 오직 사랑을 선물할 뿐이다.
그리고 사랑만이
그 대가로 받을 수 있는 유일한 것이다.

사랑으로
사는 인생

삶의 이유

우리가 살아가야 할 이유를 알게 되는 건
다른 사람들과 더불어 살아가면서 사랑을 느낄 때다.
이 사랑이 시작될 때 내 존재를 주저 없이 내던지지 않으면
인생엔 아무런 승산이 없을 것이다.

빈센트 반 고흐_ 네덜란드의 화가.

좋은 결혼 생활

장작불을 잘 유지하는 데는
아주 쉬운 원칙이 하나 있다.
두 개의 장작을 서로 온기가 느껴질 만큼 가까이 두되
숨을 쉴 만큼은 떨어뜨려 놓는 것이다.
이 원칙이 좋은 결혼 생활에도 적용된다.

그레이스 놀 크로웰_ 미국의 시인.

기적

사랑이 있는 곳에
언제나 기적이 있다.

윌라 캐더_ 미국의 소설가.

사랑이 있는 곳에
언제나 기적이 있다.

다른 사람의 필요

다른 사람의 필요를
자기 자신의 필요만큼
소중하게 여기기 시작할 때
사랑은 시작된다.

앤 설리번_ 미국의 교육가.

용기 있는 자의 특권

겁쟁이는 사랑을 드러낼 능력이 없다.
사랑은 용기 있는 자의 특권이다.

마하트마 간디_ 인도의 정치 지도자.

사랑하는 이유

꽃은 피어나야 하기 때문에 피는 것이지
예쁘게 보이기 위해 피는 것은 아니다.
사랑하기 때문에 사랑하는 것이지
되돌려 받기를 기대하면서 사랑하는 것은 아니다.

레오 버스카글리아_ 미국의 교육학자, 저술가.

사랑의 본질

사랑은 본질적으로 무엇에 의지하고 싶어 한다.

혼자는 너무 고독하기 때문이다.

어린아이들이 부모의 포근한 품 안을 좇듯

어른들도 그런 품 안에 마음을 의지하고 싶어 한다.

로렌스 굴드_ 미국 지질학자, 교육자, 극지 탐험가.

사랑한다는 것

사랑한다는 것은
자기를 넘어서는 일이다.

오스카 와일드_ 아일랜드의 시인, 소설가, 극작가, 평론가.

어린아이 같은 기쁨

자기가 사랑받고 있다고 느끼면
백발이 될 때까지도
어린아이 같은 기쁨을 느낀다.

현명한 사람

현명한 사람은 자신의 이익을 위해 사랑하지 않는다.
사랑 자체에서 행복을 느끼기 때문에 사랑하는 것이다.

블레즈 파스칼_ 프랑스의 사상가, 수학자, 물리학자.

평화의 모체

불이 빛의 모체가 되듯이
사랑은 언제나
평화의 모체가 된다.

토머스 칼라일_ 영국의 비평가, 역사가.

싹을 틔우는 힘

아름다운 삶이란
싹을 틔우는 것.
그 싹을 틔우는 힘은
바로 사랑에서 나온다.

빈센트 반 고흐_ 네덜란드의 화가.

약점

진심으로 사랑받으려면
높은 재능 외에 한두 가지 약점도 가지고 있어야 한다.
그 사람에 대하여
미소 지을 수 있는 구석이 전혀 없는 사람을 사랑하기는 어렵다.

앙드레 모루아_ 프랑스의 작가.

진실하지 않으면

진실하지 않으면 사랑을 실천할 수 없다.
마찬가지로 사랑 없이는 진실할 수 없다.
이 두 가지는 새의 양 날개처럼
서로 다른 곳을 향해 붙어 있지만
항상 같은 방향으로 날아오른다.

바바 하리 다스_ 인도의 성자.

사랑만 있다면

서로 사랑하는 이들만 있다면
모든 걸 만들 수 있다.
행복도, 진정한 평화도,
꼭 필요한 돈까지도.

아베 피에르_ 프랑스의 가톨릭 성직자.

성공적인 결혼

성공적인 결혼이란
단순히 올바른 상대를 찾는 게 아니라
올바른 상대가 됨으로써 이루어진다.

바넷 브리크너_ 미국의 랍비.

어루만지는 사랑

사랑은 서로를
어루만지면서 변한다.
어루만져서
경직되고 냉혹했던 사람을
다시 태어나게 한다.

안젤름 그륀_ 독일의 가톨릭 신부, 신학박사, 영성작가.

인내

사랑은 우리를 행복하게 하기 위해 존재하는 것이 아니다.
우리가 고뇌와 인내에서
얼마큼 견딜 수 있는가를 보기 위해 존재한다.

헤르만 헤세_ 독일의 소설가, 시인.

삶을 기쁘게 하기 위해

서로의 삶을
기쁘고 풍성하게 만들기 위한 노력이
쌍방에서 이루어질 때,
서로를 필요로 하고
서로를 가치 있는 존재로 느끼게 된다.
알프레드 아들러_ 오스트리아의 정신의학자.

자신의 한 부분

우리가 깊이 사랑하는 모든 것은
언젠가 마침내 우리 자신의 한 부분이 된다.

헬렌 켈러_ 미국의 작가, 사회사업가.

사랑하는 마음

사랑하는 마음과
누군가를 껴안을 팔이 있다면
누구에게나 이 세상은 충분히 멋지다.

루시 몽고메리_ 캐나다의 소설가.

사랑하는 사람과 함께하는 하루

나에게 기적은 다시 일어서는 것이 아니라
사랑하는 아내와 하루하루를 함께하는 것입니다.
사랑하는 사람과 함께하는 삶은 날마다 기쁨이고 기적입니다.

크리스토퍼 리브_ 미국의 영화배우.

내면의 확신

사랑은 부탁할 필요도 없고 요구할 필요도 없다.
사랑은 자기 안에서 확신에 도달하는 힘이 있어야 한다.
그러고 난 뒤 사랑은 더 이상 이끌려 다니지 않고 이끌게 된다.

헤르만 헤세_ 독일의 소설가, 시인.

사라지지 않는 선물

사랑은 한 번 주어지면
결코 잊히거나 사라지지 않는
선물이다.

존 레논_ 영국의 가수, 작곡가, 평화운동가.

사랑의 순결함

사랑은 순결하지 않으면
결코 깊어질 수 없다.

헨리 드루먼드_ 미국의 신학자.

오늘 사랑을 쓰다

펴낸날 초판1쇄 2016년 1월 5일

지은이 아뜰리에 소피
펴낸이 김은주
책임편집 조연혜
마케팅 이삼영
캘리그라피 유혜리

인쇄 (주)재원프린팅
펴낸 곳 별글(http://blog.naver.com/starrybook)
등록번호 128-94-22091(2014년 1월 9일)
주소 경기도 고양시 덕양구 오금로7 신원마을 3단지 305동 1404호
전화 070-7655-5949
팩스 070-7614-3657

ISBN 979-11-86877-11-1 14700

이 도서의 국립중앙도서관 출판예정도서목록(CIP)은 서지정보유통지원시스템 홈페이지(http://seoji.nl.go.kr)와 국가자료공동목록시스템(http://www.nl.go.kr/kolisnet)에서 이용하실 수 있습니다. (CIP제어번호: CIP2015034539)

별글은 독자 여러분의 책에 대한 아이디어와 원고 투고를 기다리고 있습니다.
책 출간을 원하시는 분은 이메일(starrybook@naver.com)로 간단한 개요와 취지, 연락처 등을 보내주세요.